Impressum
Verlag: BABADADA GmbH, Nedderfeld 112 , 22529 Hamburg
Geschäftsführer / Verlagsleitung: Harald Hof
Druck: Books on Demand GmbH, In de Tarpen 42, 22848 Norderstedt

Imprint
Publisher: BABADADA GmbH, Nedderfeld 112 , 22529 Hamburg, Germany
Managing Director / Publishing direction: Harald Hof
Print: Books on Demand GmbH, In de Tarpen 42, 22848 Norderstedt, Germany

Schule

المدرسة

Klassenzimmer
القسم
dividieren
يقسم
186/2
Tafel
اللوح
Schulhof
Lehrer
المعلم
Papier
ورقة
schreiben
يكتب
Stift
القلم
Schreibtisch
طاولة المكتب
Lineal
المسطرة
Buch
الكتاب
Schüler
التلميذ

Ranzen

الحقيبة المدرسية

Federmappe

المقلمة

Bleistift

قلم الرصاص

Bleistiftanspitzer

البرّاية

Radiergummi

المِمحاة

Zeichenblock

دفتر الرسم

Zeichnung

الرسمة

Pinsel

الفرشاة

Malkasten

علبة التلوين

Schere

المقص

Klebstoff

المادة اللاصقة

Übungsheft

دفتر التمارين

Hausaufgabe

الواجب المدرسي

Zahl

الرقم

addieren

يجمع

subtrahieren

يطرح

multiplizieren

يضرب

rechnen

يحسب

Buchstabe

الحرف

Alphabet

الأبجدية

Wort

كلمة

Text

النص

lesen

يقرأ

Kreide

الطبشور

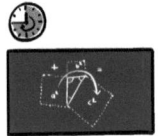

Stunde

الحصة

Klassenbuch

دفتر الدوام المدرسي

Prüfung

الامتحان

Zeugnis

شهادة

Schuluniform

اللباس المدرسي

Ausbildung

التعليم

Lexikon

الموسوعة

Universität

الجامعة

Mikroskop

المِجهر

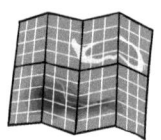

Karte

الخريطة

Papierkorb

قماما

Hotel
فندق
Herberge
بيت الشباب
Wechselstube
مكتب صرافة
Koffer
حقيبة
Auto
سيارة

Sprache
اللغة

ja / nein
نعم / لا

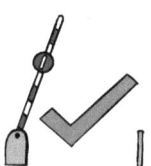

Okay
حسناً

Hallo
مرحباً

Übersetzer
مترجم

Danke
شكراً

Was kostet...?

كم ثمن ... ؟

Ich verstehe nicht

لا أفهم

Problem

مشكلة

Guten Abend!

مساء الخير

Guten Morgen!

صباح الخير!

Gute Nacht!

ليلة سعيدة

Auf Wiedersehen

إلى اللقاء

Richtung

اتجاه

Gepäck

أمتعة السفر

Tasche

حقيبة

Rucksack

حقيبة ظهر

Gast

ضيف

Zimmer

غرفة

Schlafsack

كيس للنوم

Zelt

خيمة

Touristeninformation

استعلامات سياحية

Strand

شاطئ

Kreditkarte

بطاقة ائتمان

Frühstück

إفطار

Mittagessen

طعام الغداء

Abendessen

العشاء

Fahrkarte

بطاقة سفر

Fahrstuhl

مصعد

Briefmarke

طابع بريدي

Grenze

حدود

Zoll

الجمارك

Botschaft

سفارة

Visum

تأشيرة

Pass

جواز سفر

Transport

نقل

Flugzeug
طائرة
Schiff
سفينة
Feuerwehrauto
سيارة إطفاء
Bus
حافلة
Lastwagen
سيارة شاحنة
Motorboot
زورق آلي
Fahrrad
درّاجة
Auto
سيارة

Fähre

عبارة

Boot

قارب

Motorrad

دراجة نارية

Polizeiauto

سيارة شرطة

Rennauto

سيارة سباق

Mietwagen

سيارة مستأجرة

Carsharing

أسلوب تشاركي في استئجار السيارات

Abschleppwagen

سيارة للجر

Müllauto

سيارة نقل القمامة

Motor

محرك

Kraftstoff

وقود

Tankstelle

محطة وقود

Verkehrsschild

إشارة مرور

Verkehr

حركة السير

Stau

ازدحام سير

Parkplatz

موقف سيارات

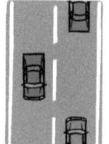

Bahnhof

محطة قطار

Schienen

سكك حديدية

Zug

قطار

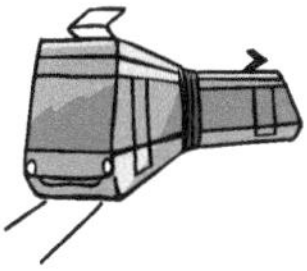

Straßenbahn

ترام

Wagon

عربة قطار

Helikopter

طائرة مروحية

Flughafen

مطار

Tower

برج

Passagier

مسافر

Container

حاوية

Karton

علبة كرتون

Karren

عربة يد

Korb

سلة

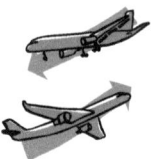

starten / landen

يقلع / يهبط

Stadt

مدينة

Dorf

قرية

Stadtzentrum

مركز المدينة

Haus

بيت

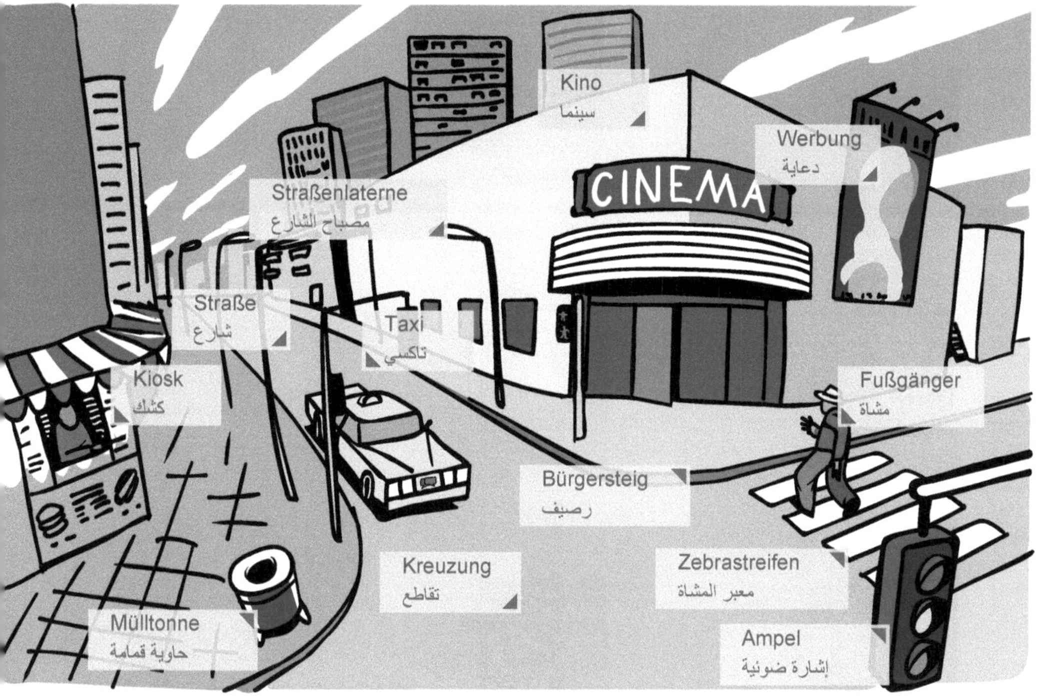

Kino
سينما
Werbung
دعاية
CINEMA
Straßenlaterne
مصباح الشارع
Straße
شارع
Taxi
تاكسي
Kiosk
كشك
Fußgänger
مشاة
Bürgersteig
رصيف
Kreuzung
تقاطع
Zebrastreifen
معبر المشاة
Mülltonne
حاوية قمامة
Ampel
إشارة ضوئية

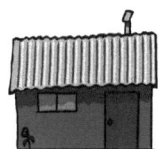

Hütte

كوخ

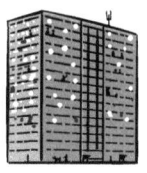

Wohnung

شقة

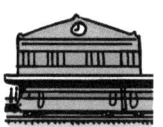

Bahnhof

محطة قطار

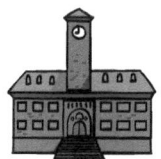

Rathaus

دار البلدية

MUSEUM

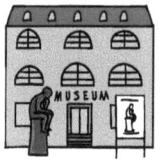

Museum

متحف

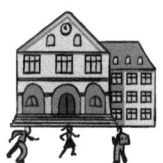

Schule

المدرسة

Universität

الجامعة

Bank

مصرف

Krankenhaus

المستشفى

Hotel

فندق

Apotheke

صيدلية

Büro

مكتب

Buchhandlung

مكتبة

Geschäft

متجر

Blumenladen

محل لبيع الزهور

Supermarkt

سوبرماركت

Markt

سوق

Kaufhaus

متجر كبير

Fischhändler

تاجر السمك

Einkaufszentrum

مركز تسوّق

Hafen

ميناء

Park

حديقة عامة

Bank

مقعد

Brücke

جسر

Treppe

درج، سلم

U-Bahn

مترو

Tunnel

نفق

Bushaltestelle

موقف حافلات

Bar

بار

Restaurant

مطعم

Briefkasten

صندوق البريد

Straßenschild

لافتة باسم الشارع

Parkuhr

مقياس زمن الوقوف

Zoo

حديقة حيوانات

Badeanstalt

مسبح

Moschee

مسجد

Bauernhof

مزرعة

Umweltverschmutzung

تلوث البيئة

Friedhof

مقبرة

Kirche

كنيسة

Spielplatz

ملعب الأطفال

Tempel

معبد

Landschaft

طبيعة ريفية

Blatt — ورقة

Wegweiser — علامة إرشاد

Weg — طريق

Wiese — مرج

Stein — حجر

Baum — شجرة

Wanderer — رحالة

Fluss — نهر

Gras — عشب

Blume — زهرة

Tal

وادٍ

Berg

جبل

See

بحيرة

Wald

غابة

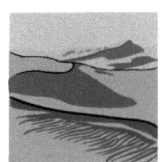

Wüste

صحراء

Vulkan

بركان

Schloss

قلعة

Regenbogen

قوس قزح

Pilz

فِطر

Palme

نخلة

Moskito

بعوض

Fliege

ذبّانة

Ameise

نملة

Biene

نحلة

Spinne

عنكبوت

Käfer

خنفساء

Frosch

ضفدعة

Eichhörnchen

سنجاب

Igel

قنفذ

Hase

أرنب

Eule

بومة

Vogel

عصفور

Schwan

بجعة

Wildschwein

خنزير برّي

Hirsch

غزال

Elch

إلكة

Staudamm

سد

Windrad

دولاب الطاحونة الهوائية

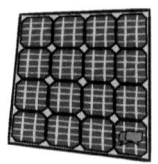

Solarmodul

خلية شمسية

Klima

مناخ

Restaurant
مطعم

Kellner
نادل
Speisekarte
لائحة الطعام
Stuhl
كرسي
Suppe
حساء
Pizza
بيتزا
Besteck
أدوات المائدة
Tischdecke
غطاء المائدة

Vorspeise
....
مقبلات

Hauptgericht
....
الصحن الرئيسي

Nachspeise
....
حلوى أو فاكهة بعد الطعام

Getränke
....
مشروبات

Essen
....
طعام

Flasche
....
زجاجة

Fastfood

وجبات سريعة

Streetfood

طعام الشارع

Teekanne

إبريق الشاي

Zuckerdose

علبة السكر

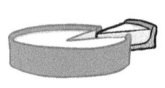

Portion

حصّة

Espressomaschine

آلة الإسبريسو

Hochstuhl

كرسي عالٍ

Rechnung

فاتورة

Tablett

صينية

Messer

سكين

Gabel

شوكة

Löffel

ملعقة

Teelöffel

ملعقة الشاي

Serviette

منديل المائدة

Glas

كأس

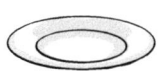

Teller

صحن

Suppenteller

صحن الحساء

Untertasse

صحن الفنجان

Sauce

صلصة

Salzstreuer

مملحة

Pfeffermühle

مطحنة الفلفل

Essig

خلّ

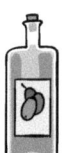

Öl

زيت الطعام

Gewürze

توابل

Ketchup

كتشاب

Senf

خردل

Mayonnaise

مايونيز

Supermarkt

سوبرماركت

Angebot
عرض خاص
Kunde
زبون
Milchprodukte
مشتقات الحليب
Obst
فواكه
Einkaufswagen
عربة تسوّق

Schlachterei

جزّار

Bäckerei

مخبز

wiegen

يزن

Gemüse

خضار

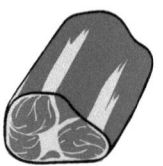

Fleisch

لحم

Tiefkühlkost

المأكولات المجمّدة

Aufschnitt

....

مرتدلا أو جبن

Konserven

....

معلّبات

Waschmittel

....

مسحوق الغسيل

Süßigkeiten

....

حلويات

Haushaltsartikel

....

المواد المنزلية

Reinigungsmittel

....

منظّفات

Verkäuferin

....

بائعة

Kasse

....

صندوق الحساب

Kassierer

....

أمين صندوق

Einkaufsliste

....

قائمة المشتريات

Öffnungszeiten

....

أوقات العمل

Brieftasche

....

محفظة النقود

Kreditkarte

....

بطاقة ائتمان

Tasche

....

حقيبة

Plastiktüte

....

كيس بلاستيكي

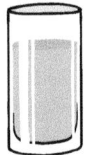

Getränke
مشروبات

Wasser

ماء

Saft

عصير

Milch

حليب

Cola

كولا

Wein

نبيذ

Bier

بيرة

Alkohol

كحول

Kakao

كاكاو

Tee

شاي

Kaffee

قهوة

Espresso

قهوة إسبريسو

Cappuccino

كابوتشينو

Banane

موزة

Apfel

تفاح

Orange

برتقال

Melone

بطيخ

Zitrone

ليمون

Karotte

جزرة

Knoblauch

ثوم

Bambus

خيزران

Zwiebel

بصل

Pilz

فِطر

Nüsse

لوزيات

Nudeln

شعيرية

Spaghetti

سباغيتي

Reis

أرزّ

Salat

سلطة

Pommes frites

بطاطا مقلية

Bratkartoffeln

بطاطا مقلية

Pizza

بيتزا

Hamburger

هامبورغر

Sandwich

ساندويش

Schnitzel

شريحة لحم مقلية

Schinken

لحم خنزير

Salami

سلامي

Wurst

سجق

Huhn

دجاج

Braten

لحم محمر

Fisch

سمك

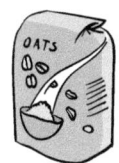

Haferflocken

دقيق الشوفان

Müsli

موسلي

Cornflakes

كورن فلكس

Mehl

طحين

Croissant

كرواسان

Brötchen

خبز صغير

Brot

خبز

Toast

خبز محمص

Kekse

بسكويت

Butter

زبدة

Quark

لبن زبادي

Kuchen

كعكة

Ei

بيضة

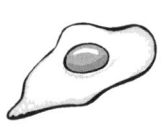

Spiegelei

بيض مقلي

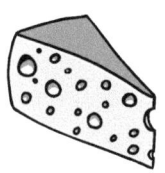

Käse

جبنة

Eiscreme

مثلجات

Zucker

سكر

Honig

عسل

Marmelade

مربّى الفاكهة

Nougat-Creme

كريم النوغا

Curry

الكاري

Bauernhof
مزرعة

Bauernhaus
بيت الفلاح
Scheune
مخزن غلال
Strohballen
رزمة من التبن
Feld
حقل
Pferd
حصان
Anhänger
مقطورة
Traktor
جرار
Fohlen
مهر
Esel
حمار
Schaf
خروف
Lamm
خروف

Ziege
ماعز

Kuh
بقرة

Kalb
عجل

Schwein
خنزير

Ferkel
خنزير صغير

Bulle
ثور

Gans
إوزّة

Ente
بطة

Küken
صوص

Huhn
دجاجة

Hahn
ديك

Ratte
جرذ

Katze
قطة

Maus
فأر

Ochse
ثور

Hund
كلب

Hundehütte
كوخ الكلب

Gartenschlauch
خرطوم الحديقة

Gießkanne
إبريق

Sense
منجل

Pflug
المحراث

Sichel

منجل

Hacke

معزقة

Mistgabel

مذراة الزبل

Axt

بلطة

Schubkarre

عربة يد

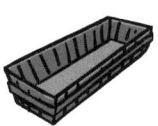

Trog

معلف

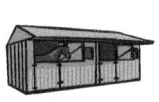

Milchkanne

صفيحة الحليب

Sack

كيس

Zaun

سياج

Stall

اصطبل

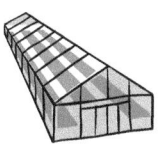

Treibhaus

دفيئة

Boden

تربة

Saat

بذور

Dünger

سماد

Mähdrescher

حصّادة درّاسة

ernten

يحصد

Ernte

محصول

Yamswurzel

بطاطا يامس

Weizen

قمح

Soja

صويا

Kartoffel

بطاطا

Mais

ذرة

Raps

سلجم

Obstbaum

شجرة فاكهة

Maniok

نبات منيهوت

Getreide

الحبوب

Haus
بيت

Schornstein
مدخنة
Dach
سقف
Regenrinne
مزراب
Fenster
نافذة
Garage
مرآب
Klingel
جرس الباب
Tür
باب
Mülleimer
قماما
Briefkasten
صندوق البريد
Garten
حديقة

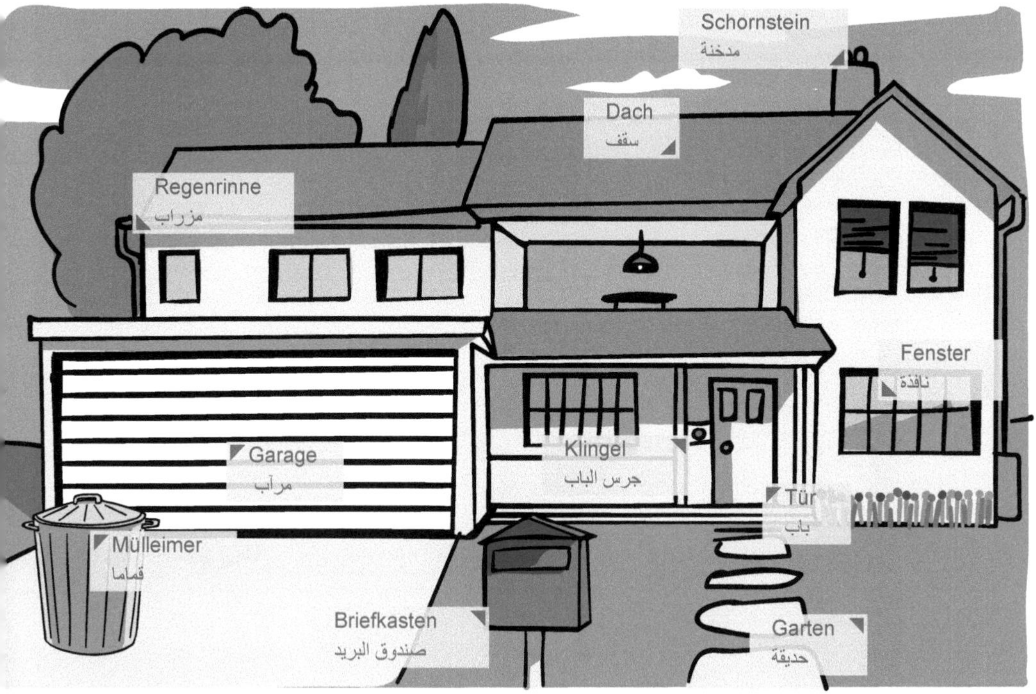

Wohnzimmer

غرفة جلوس

Badezimmer

الحمّام

Küche

مطبخ

Schlafzimmer

غرفة النوم

Kinderzimmer

غرفة الأطفال

Esszimmer

غرفة الطعام

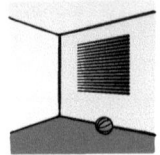

Boden

أرضية

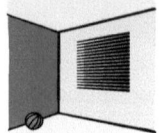

Wand

حائط

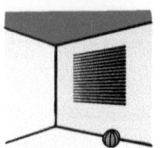

Decke

سقف

Keller

قبو

Sauna

ساونا

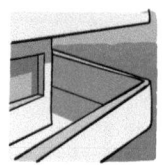

Balkon

بلكون

Terrasse

شرفة

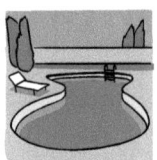

Schwimmbad

مسبح

Rasenmäher

جزّازة العشب

Bettbezug

بياضات السرير

Bettdecke

بطانية

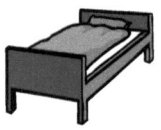

Bett

سرير

Besen

مكنسة

Eimer

سطل

Schalter

مفتاح كهرباني

Wohnzimmer
غرفة جلوس

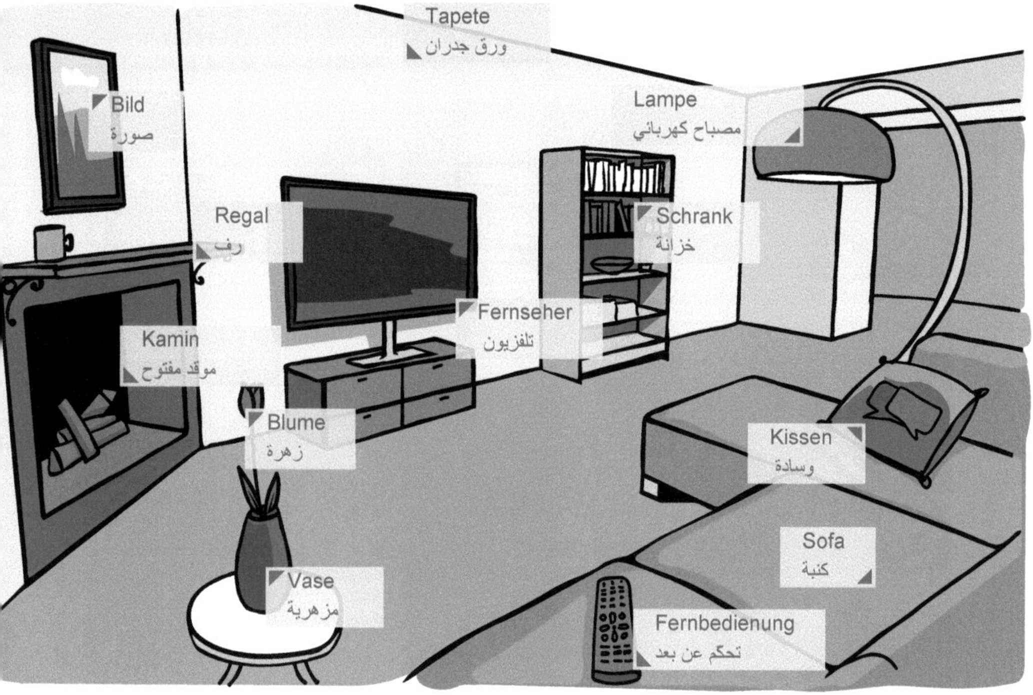

Tapete
ورق جدران
Bild
صورة
Lampe
مصباح كهربائي
Regal
رف
Schrank
خزانة
Fernseher
تلفزيون
Kamin
موقد مفتوح
Blume
زهرة
Kissen
وسادة
Sofa
كنبة
Vase
مزهرية
Fernbedienung
تحكم عن بعد

Teppich

بصاط

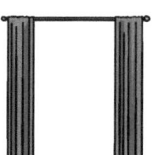

Vorhang

ستارة

Tisch

طاولة

Stuhl

كرسي

Schaukelstuhl

كرسي هزّاز

Sessel

كرسي ذو ذراعين

Buch

الكتاب

Decke

بطانية

Dekoration

زخرفة

Feuerholz

الحطب

Film

فيلم

Stereoanlage

تجهيزات ستيريو

Schlüssel

مفتاح

Zeitung

جريدة

Gemälde

لوحة مرسومة

Poster

مُلصق

Radio

راديو

Notizblock

دفتر ملاحظات

Staubsauger

المكنسة الكهربائية

Kaktus

صبّار

Kerze

شمعة

Küche
مطبخ

Kühlschrank
براد
Mikrowelle
ميكروويف
Küchenwaage
ميزان المطبخ
Toaster
محمصة الخبز
Reinigungsmittel
منظفات
Backofen
فرن
Gefrierfach
ثلاجة
Mülleimer
Geschirrspüler
جلاية

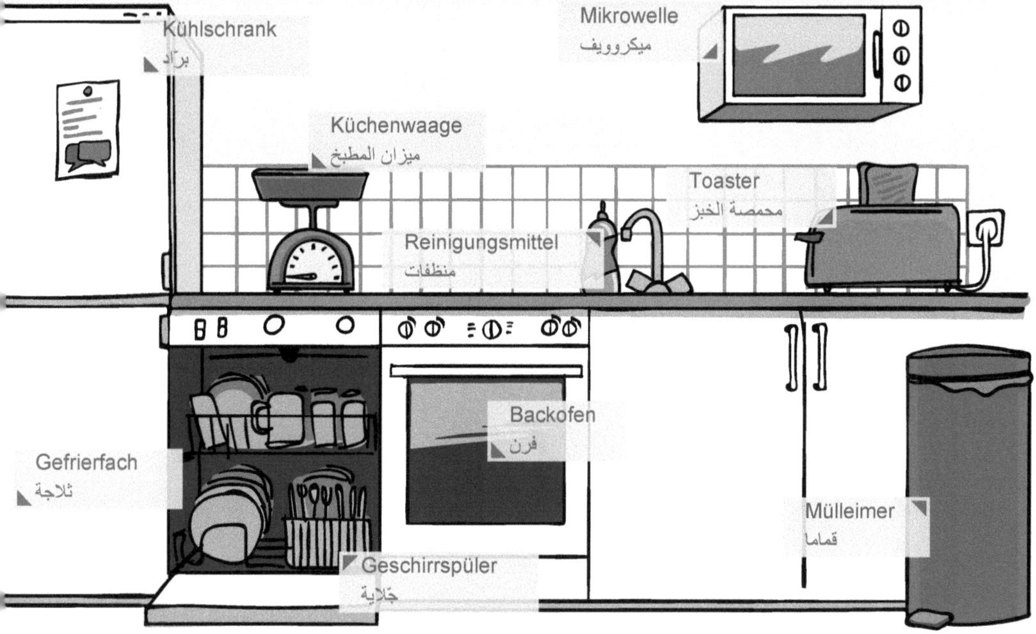

Herd
موقد

Topf
قدر

Eisentopf
وعاء من الحديد

Wok / Kadai
قدر صيني

Pfanne
مقلاة

Wasserkocher
غلاية

Küche - مطبخ 35

Dampfgarer

قدر البخار

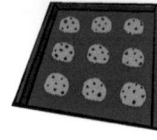

Backblech

صينية

Geschirr

أواني

Becher

فنجان

Schale

صحن

Essstäbchen

عيدان الأكل

Suppenkelle

مغرفة

Pfannenwender

ملعقة منبسطة

Schneebesen

خفاقة

Kochsieb

مصفاة

Sieb

مصفاة

Reibe

مِبشرة

Mörser

هاون

Grill

شواء

Feuerstelle

موقد

Schneidebrett

....

لوح التقطيع

Nudelholz

....

نشّابة

Korkenzieher

....

مفتاح الزجاجات

Dose

....

علبة

Dosenöffner

....

مفتاح العلب المعدنية

Topflappen

....

قماش الفرن

Waschbecken

....

مجلى

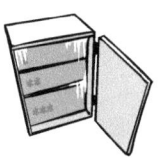

Bürste

....

فرشاة

Schwamm

....

إسفنج

Mixer

....

خلاط

Gefriertruhe

....

مجمّدة

Babyflasche

....

زجاجة الطفل

Wasserhahn

....

صنبور الماء

Badezimmer

الحمّام

Heizung
تدفئة
Handtuch
منشفة
Dusche
دوش
Duschvorhang
ستارة الدوش
Schaumbad
حمام رغوة
Badewanne
Waschmaschine
غسّالة
Glas
كأس
Wasserhahn
صنبور الماء
Fliesen
بلاط
Töpfchen
قفازات مطاطية
Waschbecken
مجلى

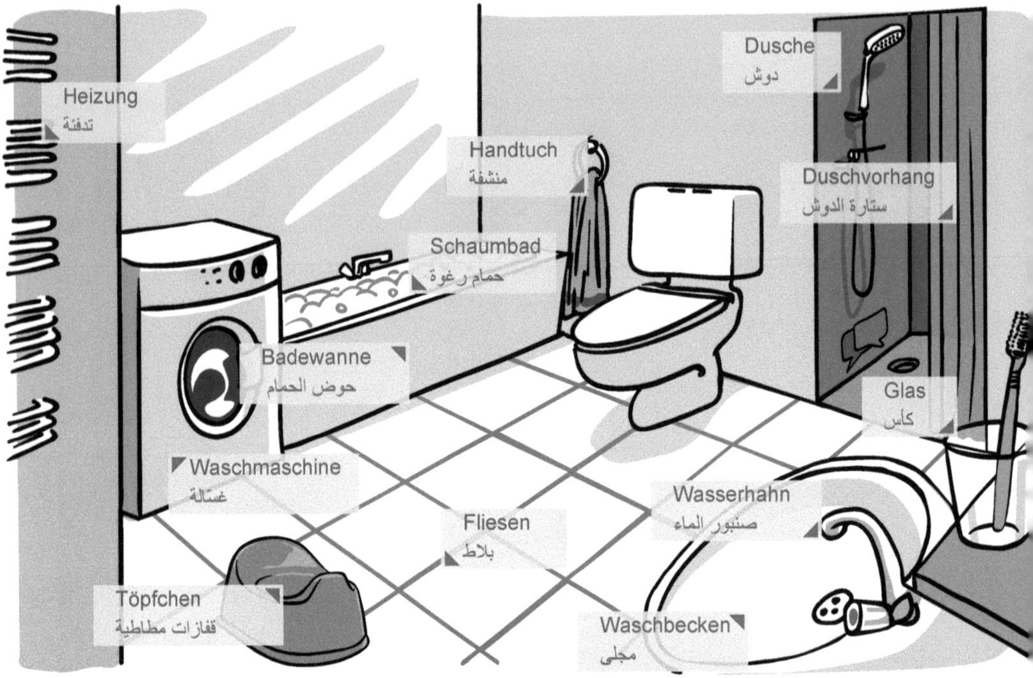

Toilette
حمام

Hocktoilette
مرحاض القرفصاء

Bidet
حوض التشطيف

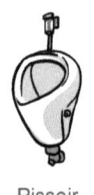

Pissoir
مبولة

Toilettenpapier
ورق المرحاض

Toilettenbürste
فرشاة الحمام

Zahnbürste

فرشاة الأسنان

Zahnpasta

معجون الأسنان

Zahnseide

خيط حرير لتنظيف الأسنان

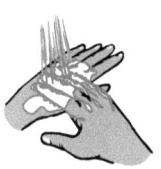

waschen

يغسل

Handbrause

رشاش ماء يدوي

Intimdusche

شطاف

Waschschüssel

حوض الغسيل

Rückenbürste

فرشاة الظهر

Seife

صابون

Duschgel

جيل الدوش

Shampoo

شامبو

Waschlappen

ممسحة

Abfluss

مصرف للماء

Creme

مرهم

Deodorant

مزيل الروائح

Spiegel

مرآة

Kosmetikspiegel

مرآة يد

Rasierer

موس حلاقة

Rasierschaum

رغوة الحلاقة

Rasierwasser

كولونيا

Kamm

مشط

Bürste

فرشاة

Föhn

سشوار

Haarspray

مثبت للشعر

Makeup

ماكياج

Lippenstift

روج

Nagellack

طلاء أظافر

Watte

قطن

Nagelschere

مقص أظافر

Parfum

عطر

Kulturbeutel

سلّة الغسيل

Hocker

مقعد صغير

Waage

ميزان

Bademantel

معطف الحمام

Gummihandschuhe

قفازات مطاطية

Tampon

سدادة قطنية

Damenbinde

منشفة صحية

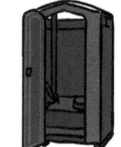

Chemietoilette

تواليت كيميائية

Kinderzimmer

غرفة الأطفال

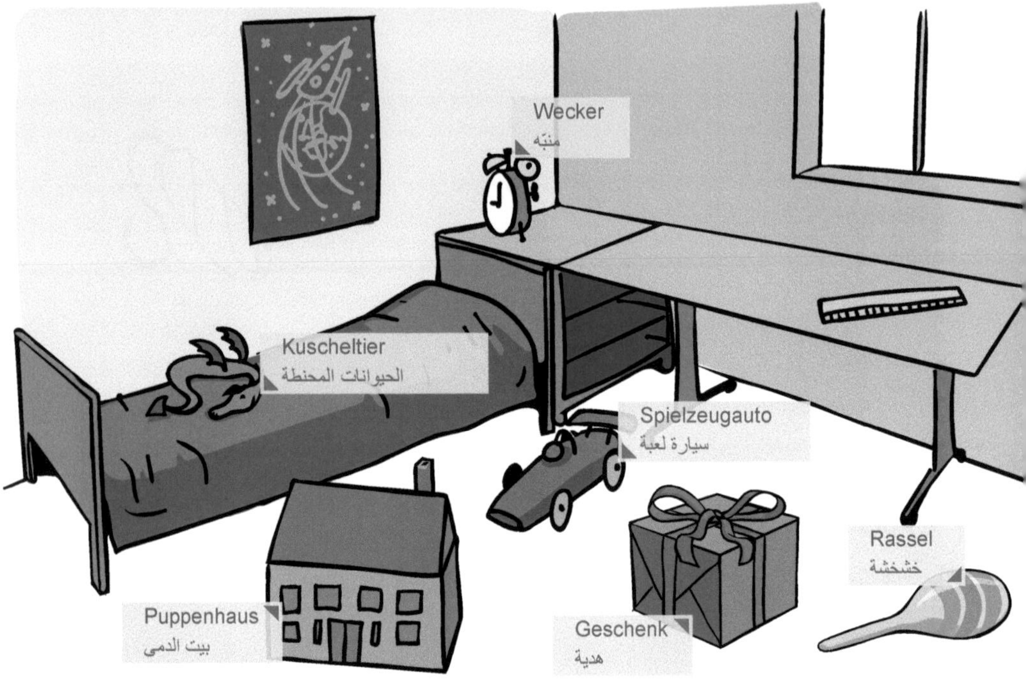

Wecker
منبّه

Kuscheltier
الحيوانات المحنطة

Spielzeugauto
سيارة لعبة

Rassel
خشخشة

Puppenhaus
بيت الدمى

Geschenk
هدية

Ballon

بالون

Bett

سرير

Kinderwagen

عربة الأطفال

Kartenspiel

لعبة الورق

Puzzle

أحجية

Comic

رسوم هزلية

Legosteine

أحجار الليغو

Bausteine

حجارة تركيب

Action Figur

دمية بطل

Strampelanzug

لباس الطفل

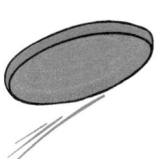

Frisbee

فريسبي

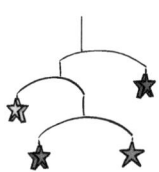

Mobile

دمية معلّقة

Brettspiel

لعبة الطاولة

Würfel

لعبة النرد

Modelleisenbahn

لعبة قطار

Schnuller

مصّاصة

Party

حفلة

Bilderbuch

كتاب مصوّر

Ball

كرة

Puppe

دمية

spielen

يلعب

Sandkasten

ملعب رملي للأطفال

Schaukel

أرجوحة

Spielzeug

لعبة

Spielkonsole

ألعاب فيديو

Dreirad

دراجة ثلاثية

Teddy

دمية على شكل الدب

Kleiderschrank

خزانة الثياب

Kleidung

ثياب

Socken

جوارب قصيرة

Strümpfe

جوارب طويلة

Strumpfhose

جورب بنطلون

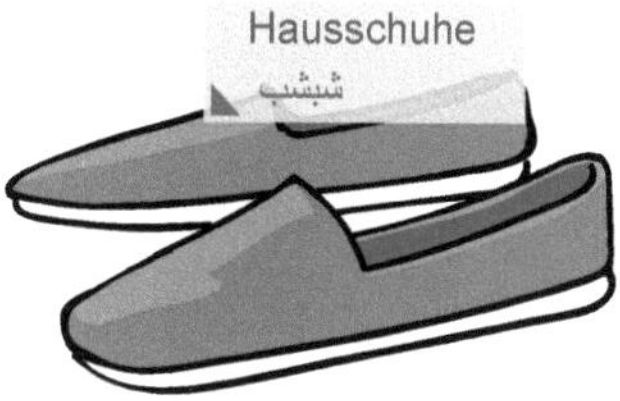

Schal
شال

Regenschirm
شمسية

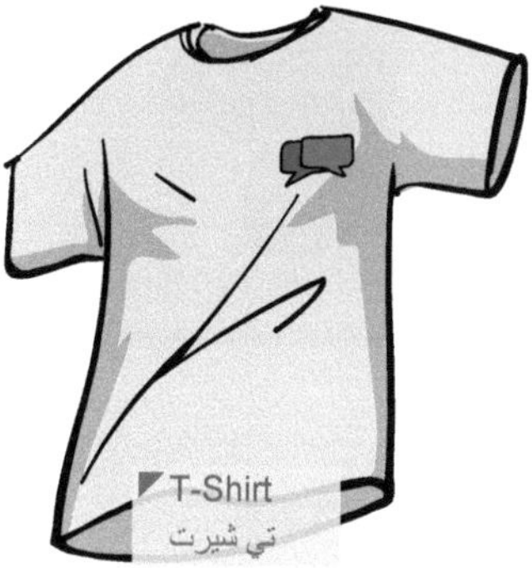

Gürtel
حزام

T-Shirt
تي شيرت

Stiefel
حذاء شتوي

Hausschuhe
شبشب

Turnschuhe
أحذية رياضية

Sandalen
....
صندل

Schuhe
....
حذاء

Gummistiefel
....
جزمة كاوتشوك

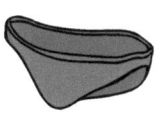

Unterhose
....
سروال داخلي

Büstenhalter
....
صدارة

Unterhemd
....
قميص داخلي

Body

لباس ملاصق للجسم

Hose

بنطلون

Jeans

جينز

Rock

تنورة

Bluse

بلوزة

Hemd

قميص

Pullover

سترة قطنية

Kapuzenpullover

كنزة كم طويل

Blazer

سترة فضفاضة

Jacke

سترة

Mantel

معطف

Regenmantel

معطف مطري

Kostüm

زي - طقم نسائي

Kleid

ثوب

Hochzeitskleid

ثوب الزفاف

Anzug

طقم

Nachthemd

قميص نوم

Schlafanzug

بيجاما

Sari

ساري

Kopftuch

حجاب

Turban

عمامة

Burka

برقع

Kaftan

قفطان

Abaya

عباءة

Badeanzug

مايوه

Badehose

سروال سباحة

Kurze Hose

شرت

Trainingsanzug

بدلة رياضية

Schürze

مئزر

Handschuhe

قفازات

Knopf

زر

Brille

نظّارة

Armband

إسوارة

Halskette

عقد

Ring

خاتم

Ohrring

قرط

Mütze

طاقيّة

Kleiderbügel

علاقة ثياب

Hut

قبّعة

Krawatte

ربطة العنق

Reißverschluss

سحّاب

Helm

خوذة

Hosenträger

حمّالة البنطلون

Schuluniform

اللباس المدرسي

Uniform

زي موحّد

Lätzchen

مريلة الأطفال

Schnuller

مصّاصة

Windel

لفافة

Büro

مكتب

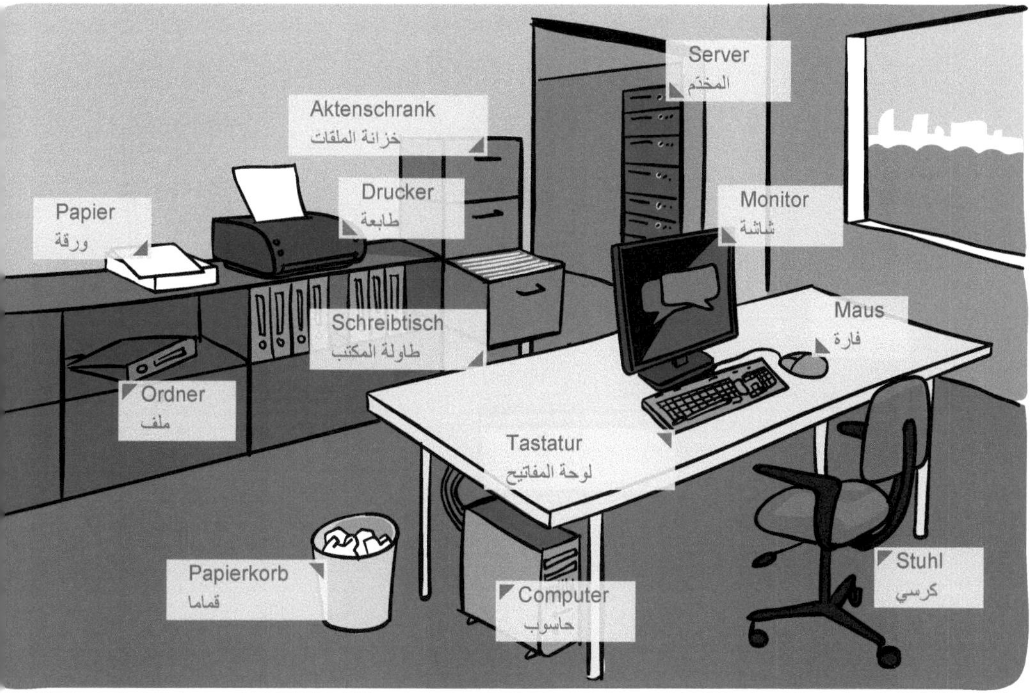

Server
المخدّم

Aktenschrank
خزانة الملفات

Drucker
طابعة

Monitor
شاشة

Papier
ورقة

Maus
فارة

Schreibtisch
طاولة المكتب

Ordner
ملف

Tastatur
لوحة المفاتيح

Papierkorb
قماما

Stuhl
كرسي

Computer
حاسوب

Kaffeebecher

كأس من القهوة

Taschenrechner

الآلة الحاسبة

Internet

الإنترنت

Laptop

الحاسوب المحمول

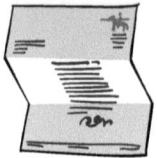

Brief

رسالة

Nachricht

خبر

Handy

الهاتف المحمول

Netzwerk

شبكة

Kopierer

جهاز تصوير

Software

البرمجيات

Telefon

هاتف

Steckdose

مقبس كهربائي

Fax

فاكس

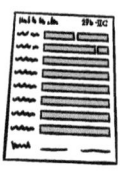

Formular

استمارة

Dokument

وثيقة

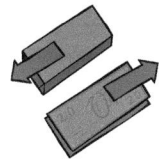

kaufen

يشتري

bezahlen

يدفع

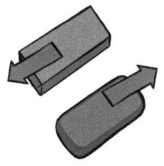

handeln

يتاجر

Geld

مال

Dollar

دولار

Euro

يورو

Yen

ين

Rubel

روبل

Franken

فرنك سويسري

Renminbi Yuan

يوان

Rupie

روبية

Geldautomat

صرّاف آلي

Wechselstube

مكتب صرافة

Gold

ذهب

Silber

فضة

Öl

نفط

Energie

طاقة

Preis

سعر

Vertrag

عقد

Steuer

ضريبة

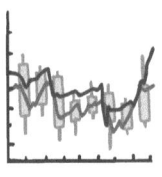

Aktie

سهم

arbeiten

يعمل

Angestellter

موظف

Arbeitgeber

رب العمل

Fabrik

مصنع

Geschäft

متجر

Berufe
المِهَن

Polizist
الشرطي
Feuerwehrmann
رجل إطفاء
Koch
طبّاخ
Arzt
الطبيب
Pilot
طيّار

Gärtner

بستاني

Tischler

نجّار

Näherin

خيّاطة

Richter

قاض

Chemiker

كيميائي

Schauspieler

ممثل

Busfahrer

....

سائق حافلة

Taxifahrer

....

سائق تاكسي

Fischer

....

صياد سمك

Putzfrau

....

أجيرة للتنظيف

Dachdecker

....

بنّاء سقف

Kellner

....

نادل

Jäger

....

صيّاد

Maler

....

رسّام

Bäcker

....

خباز

Elektriker

....

كهربائي

Bauarbeiter

....

عامل بناء

Ingenieur

....

مهندس

Schlachter

....

لحّام

Klempner

....

سمكري

Postbote

....

ساعي البريد

Soldat

جندي

Architekt

مهندس معماري

Kassierer

أمين صندوق

Florist

بائع الزهور

Friseur

حلاق

Schaffner

مراقب القطار

Mechaniker

ميكانيكي

Kapitän

قبطان

Zahnarzt

طبيب أسنان

Wissenschaftler

رجل العلم

Rabbi

حاخام

Imam

إمام

Mönch

راهب

Geistlicher

كاهن

Werkzeuge

عدة عمل

Zange
كمّاشة
Hammer
مطرقة
Schraubendreher
مفك البراغي
Taschenlampe
مصباح يد
Schraubenschlüssel
مفتاح ربط

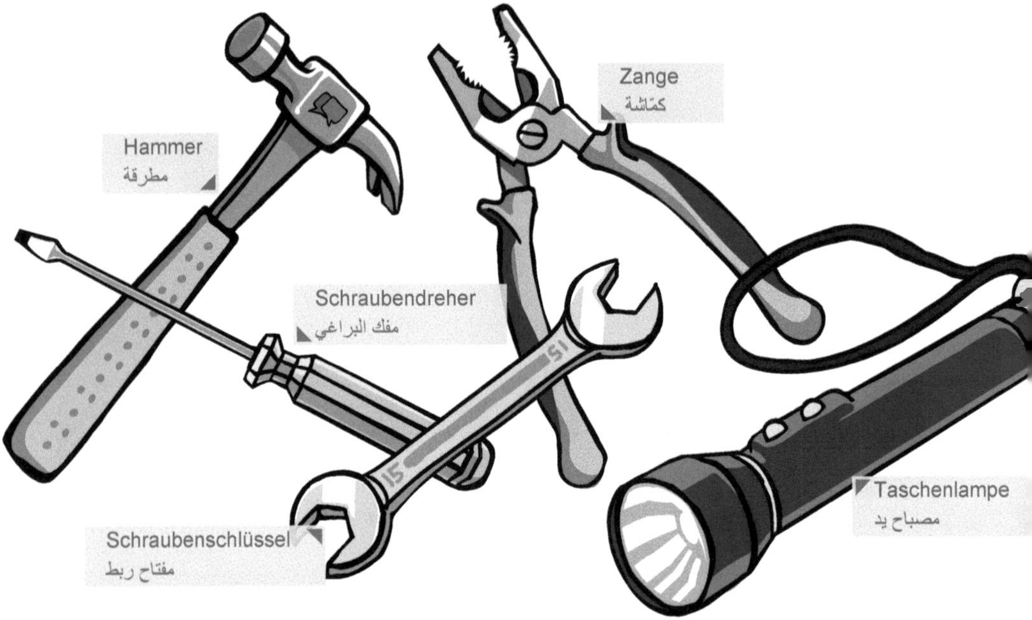

Bagger

جرافة

Werkzeugkasten

صندوق العدة

Leiter

سلّم

Säge

منشار

Nägel

مسامير

Bohrer

مثقب

reparieren

يصلح

Schaufel

مجرفة

Mist!

اللعنة

Kehrblech

لقاطة الكناسة

Farbtopf

سطل الألوان

Schrauben

براغي

Musikinstrumente

آلات موسيقية

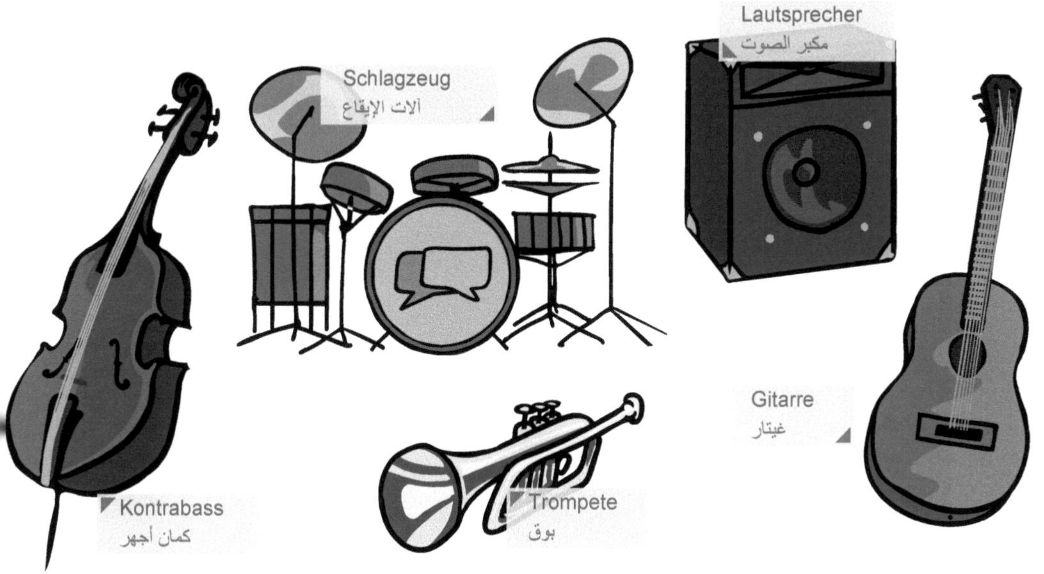

Lautsprecher
مكبر الصوت

Schlagzeug
آلات الإيقاع

Gitarre
غيتار

Kontrabass
كمان أجهر

Trompete
بوق

Klavier

بيانو

Violine

كمنجة

Bass

جهير

Pauke

طبل كبير

Trommeln

طبل

Keyboard

بيانو كهربائي

Saxophon

ساكسوفون

Flöte

ناي

Mikrofon

ميكروفون

Zoo

حديقة حيوانات

Tiger
نمر
Käfig
قفص
Zebra
حمار الوحش
Tierfutter
علف للحيوانات
Eingang
مدخل
Panda
دب باندا

Tiere

حيوانات

Elefant

فيل

Känguru

كنغر

Nashorn

وحيد القرن

Gorilla

غوريلا

Bär

دب

Kamel

جمل

Strauß

نعامة

Löwe

أسد

Affe

قرد

Flamingo

طائر فلامينغو

Papagei

ببغاء

Eisbär

دب قطبي

Pinguin

بطريق

Hai

سمك القرش

Pfau

طاووس

Schlange

أفعى

Krokodil

تمساح

Zoowärter

حارس في حديقة الحيوان

Robbe

عجل البحر

Jaguar

نمر أمريكي مرقط

Pony

فرس قزم

Leopard

نمر

Nilpferd

فرس النهر

Giraffe

زرافة

Adler

نسر

Wildschwein

خنزير برّي

Fisch

سمك

Schildkröte

سلحفاة

Walross

حيوان فظ البحري

Fuchs

ثعلب

Gazelle

غزال

Sport
رياضة

American Football
كرة القدم الأمريكية
Radfahren
ركوب الدراجات
Tennis
كرة التنس
Basketball
كرة السلة
Schwimmen
السباحة
Eishockey
هوكي الجليد
Boxen
الملاكمة

Fußball

كرة القدم

Badminton

الريشة الطائرة

Leichtathletik

ألعاب القوى الخفيفة

Handball

كرة اليد

Skilaufen

التزلج على الثلج

Polo

بولو

Aktivitäten
نشاطات

springen
يقفز
umarmen
يعانق
lachen
يضحك
gehen
يمشي
singen
يغنّي
träumen
يحلم
beten
يصلّي
küssen
يقبل

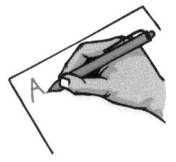

schreiben

يكتب

zeichnen

يرسم

zeigen

يُري

drücken

يدفع

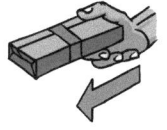

geben

يعطي

nehmen

يأخذ

haben

يملك

tun

يعمل

sein

يوجد

stehen

يقف

laufen

يركض

ziehen

يسحب

werfen

يرمي

fallen

يقع

liegen

يستلقي

warten

ينتظر

tragen

يحمل

sitzen

يجلس

anziehen

يلبس

schlafen

ينام

aufwachen

يستيقظ

ansehen

ينظر إلى ..

weinen

يبكي

streicheln

يمسّد

kämmen

يمشّط

reden

يتكلم

verstehen

يفهم

fragen

يسأل

hören

يسمع

trinken

يشرب

essen

يأكل

aufräumen

يرتب

lieben

يحب

kochen

يطبخ

fahren

يقود

fliegen

يطير

segeln

يبحر بزورق شراعي

rechnen

يحسب

lesen

يقرأ

lernen

يتعلم

arbeiten

يعمل

heiraten

يتزوج

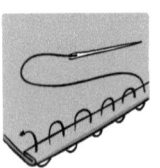

nähen

يخيط

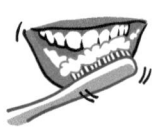

Zähne putzen

ينظف أسنانه

töten

يقتل

rauchen

يدخن

senden

يرسل

Großmutter
جدّة
Großvater
جدّ
Vater
أب
Mutter
أم
Baby
الطفل
Tochter
ابنة
Sohn
ابن

Gast
ضيف

Tante
عمّة / خالة

Onkel
عمّ / خال

Bruder
أخ

Schwester
أخت

Körper

الجسم

Stirn
الجبين
Auge
العين
Schulter
الكتف
Finger
الإصبع
Gesicht
الوجه
Kinn
الذقن
Hand
اليد
Bein
الساق
Brust
الصدر
Arm
الذراع

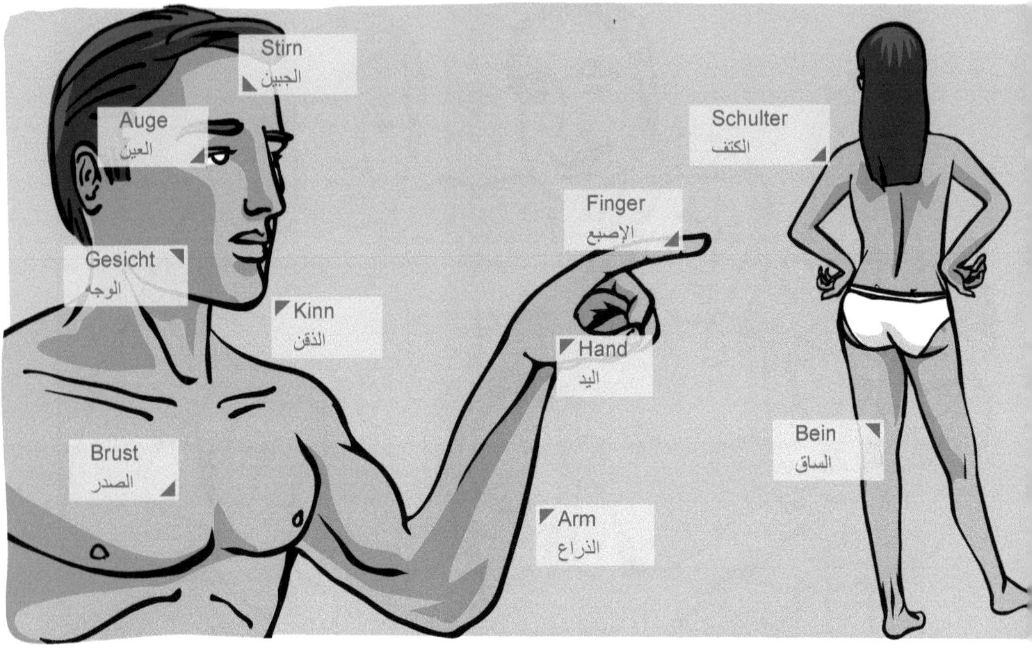

Baby

الطفل

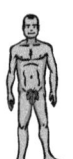

Mann

الرجل

Frau

المرأة

Mädchen

البنت

Junge

الولد

Kopf

الرأس

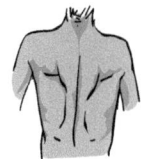

Rücken

الظهر

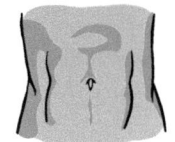

Bauch

البطن

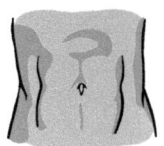

Nabel

السرّة

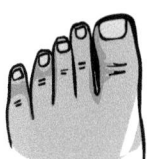

Zeh

إصبع القدم

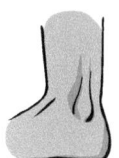

Ferse

الكعب

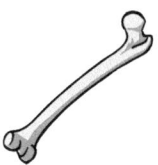

Knochen

العظم

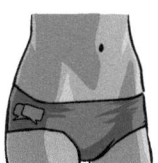

Hüfte

الورك

Knie

الركبة

Ellenbogen

المِرفق

Nase

الأنف

Gesäß

العَجُز

Haut

البشرة

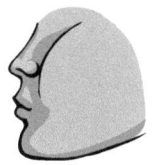

Wange

الخد

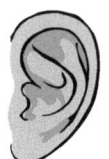

Ohr

الأذن

Lippe

الشفة

Mund
الفم

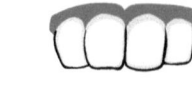

Zahn
السن

Zunge
اللسان

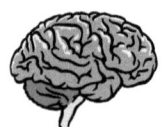

Gehirn
الدماغ

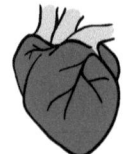

Herz
القلب

Muskel
العضلة

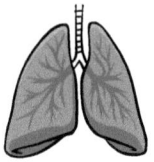

Lunge
الرئة

Leber
الكبد

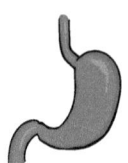

Magen
المعدة

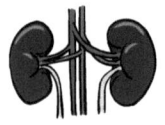

Nieren
الكِلى

Geschlechtsverkehr
الاتصال الجنسي

Kondom
الواقي المطاطي

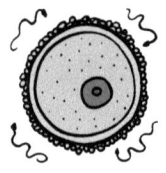

Eizelle
البويضة

Sperma
المنيّ

Schwangerschaft
الحمل

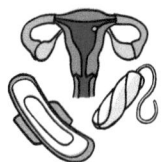

Menstruation

الحيض

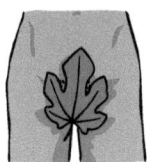

Vagina

المهبل

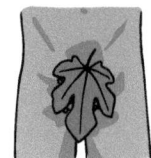

Penis

القضيب

Augenbraue

الحاجب

Haar

الشعر

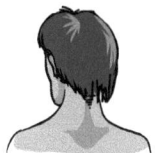

Hals

الرقبة

Krankenhaus
المستشفى

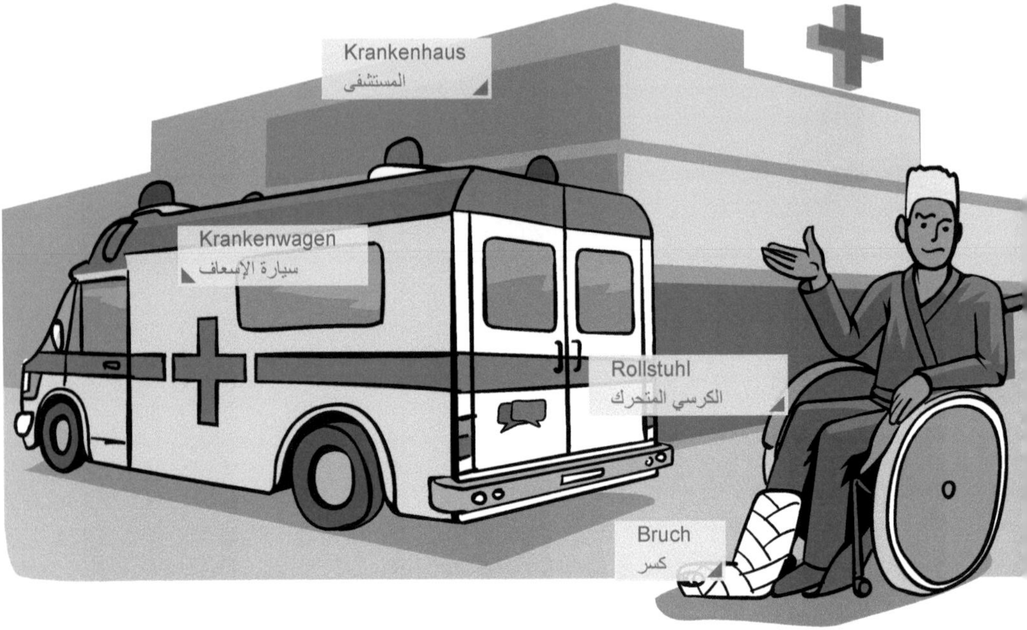

Krankenhaus
المستشفى
Krankenwagen
سيارة الإسعاف
Rollstuhl
الكرسي المتحرك
Bruch
كسر

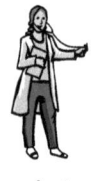

Arzt

الطبيب

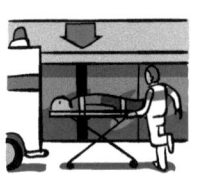

Notaufnahme

غرفة الإسعاف

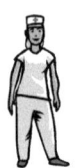

Krankenschwester

الممرضة

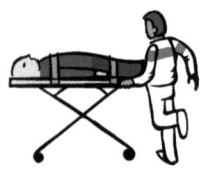

Notfall

حالة

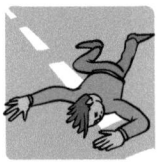

ohnmächtig

مغمى عليه

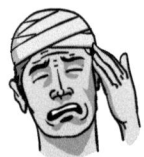

Schmerz

الألم

Verletzung

إصابة

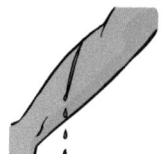

Blutung

النزيف

Herzinfarkt

احتشاء القلب

Schlaganfall

جلطة

Allergie

حسسية

Husten

السعال

Fieber

الحُمَى

Grippe

إنفلونزا

Durchfall

الإسهال

Kopfschmerzen

وجع الرأس

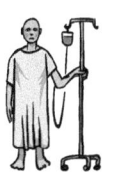

Krebs

السرطان

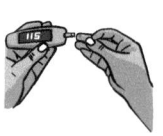

Diabetis

مرض السكر

Chirurg

جرّاح

Skalpell

مبضع

Operation

عملية

CT

سيتي سكان

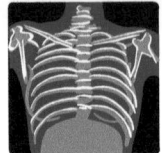

Röntgen

الأشعة السينية

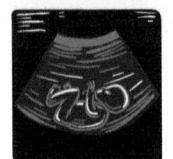

Ultraschall

فوق الصوتي

Maske

القناع

Krankheit

المرض

Wartezimmer

غرفة الانتظار

Krücke

العُكاز

Pflaster

شريط لاصق

Verband

ضماد

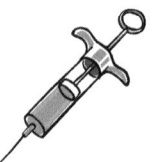

Injektion

حقنة

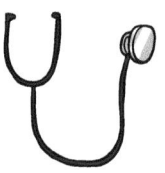

Stethoskop

سمّاعة الطبيب

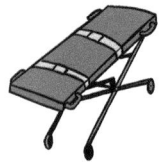

Trage

نقالة

Thermometer

ميزان حرارة

Geburt

ولادة

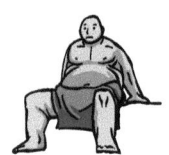

Übergewicht

وزن زائد

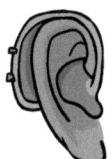

Hörgerät

جهاز السمع

Desinfektionsmittel

المواد المعقمة

Infektion

عدوى

Virus

فيروس

HIV / AIDS

الإيدز

Medizin

الطب

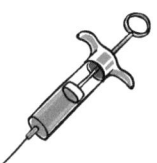

Impfung

اللقاح

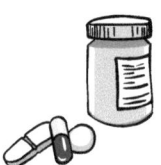

Tabletten

أقراص الدواء

Pille

حبّة الدواء

Notruf

نداء النجدة

Blutdruck-Messgerät

مقياس ضغط الدم

krank / gesund

مريض / صحيح

Notfall
حالة

Hilfe!

النجدة!

Alarm

إنذار

Überfall

اعتداء

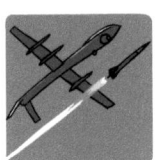

Angriff

هجوم

Gefahr

خطر

Notausgang

مخرج طوارئ

Feuer!

حريق!

Feuerlöscher

جهاز الإطفاء

Unfall

حادث

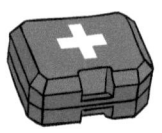

Erste-Hilfe-Koffer

حقيبة الإسعاف الأولي

SOS

أنقذونا

Polizei

الشرطة

Europa

أوروبا

Nordamerika

أمريكا الشمالية

Südamerika

أمريكا الجنوبية

Afrika

أفريقيا

Asien

آسيا

Australien

أستراليا

Atlantik

المحيط الأطلسي

Pazifik

المحيط الهادي

Indischer Ozean

المحيط الهندي

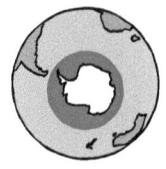

Antarktischer Ozean

المحيط المتجمد الجنوبي

Arktischer Ozean

المحيط المتجمد الشمالي

Nordpol

القطب الشمالي

Südpol

القطب الجنوبي

Antarktis

منطقة القطب الجنوبي

Erde

أرض

Land

بر

Meer

بحر

Insel

جزيرة

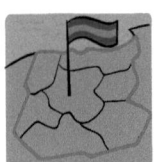

Nation

أمة

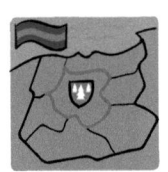

Staat

دولة

Uhr
ساعة

Zifferblatt

ميناء الساعة

Stundenzeiger

عقرب الساعات

Minutenzeiger

عقرب الدقائق

Sekundenzeiger

عقرب الثواني

Wie spät ist es?

كم الساعة الآن؟

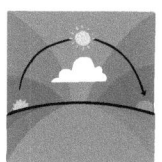

Tag

يوم

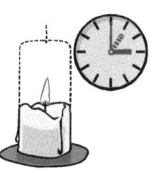

Zeit

زمن

jetzt

الآن

Digitaluhr

ساعة رقمية

Minute

دقيقة

Stunde

ساعة

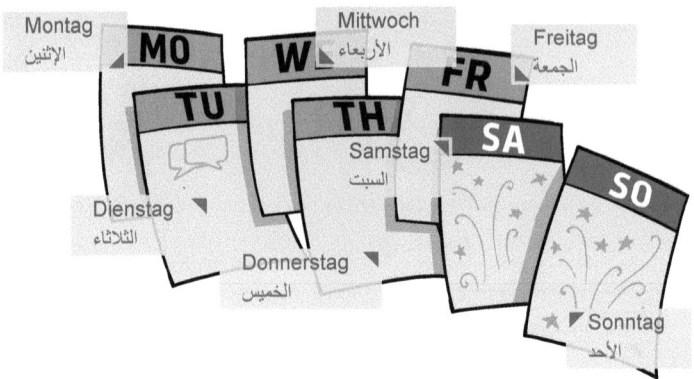

Woche
أسبوع

Montag
الإثنين

Dienstag
الثلاثاء

Mittwoch
الأربعاء

Donnerstag
الخميس

Freitag
الجمعة

Samstag
السبت

Sonntag
الأحد

gestern
الأمس

heute
اليوم

morgen
غداً

Morgen
الصباح

Mittag
الظهر

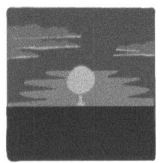

Abend
المساء

Arbeitstage
أيام العمل

Wochenende
نهاية الأسبوع

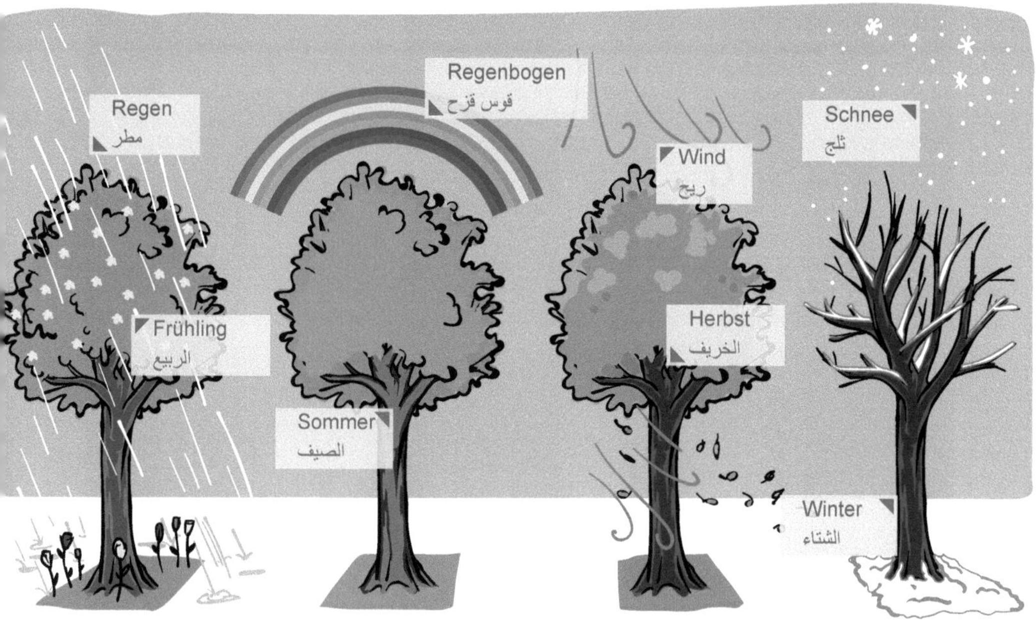

Regen
مطر
Regenbogen
قوس قزح
Wind
ريح
Schnee
ثلج
Frühling
الربيع
Sommer
الصيف
Herbst
الخريف
Winter
الشتاء

Wettervorhersage
....
التنبؤ بالحالة الجوية

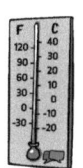

Thermometer
....
مقياس حرارة

Sonnenschein
....
ضوء الشمس

Wolke
....
سحابة

Nebel
....
ضباب

Luftfeuchtigkeit
....
رطوبة الجو

Blitz

برق

Donner

رعد

Sturm

عاصفة

Hagel

بَرَد

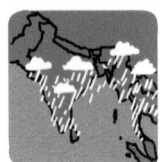

Monsun

ريح موسمية

Flut

طوفان

Eis

جليد

Januar

كانون الثاني / يناير

Februar

شباط / فبراير

März

آذار / مارس

April

نيسان / أبريل

Mai

أيار / مايو

Juni

حزيران / يونيو

Juli

تموز / يوليو

August

آب / أغسطس

September

أيلول / سبتمبر

Oktober

تشرين الأول / أكتوبر

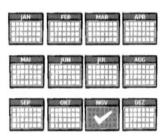

November

تشرين الثاني / نوفمبر

Dezember

كانون الأول / ديسمبر

Formen

أشكال

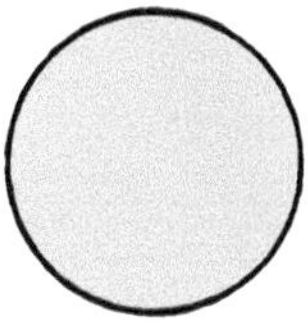

Kreis

دائرة

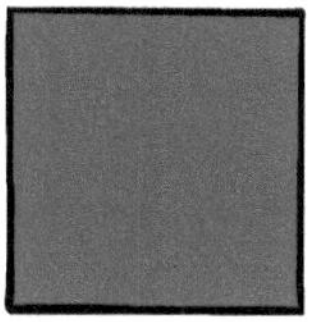

Quadrat

مربّع

Rechteck

مستطيل

Dreieck

مثلّث

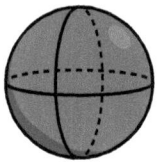

Kugel

كرة

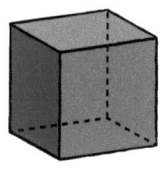

Würfel

مكعب

Farben

ألوان

weiß

أبيض

gelb

أصفر

orange

برتقالي

pink

وردي

rot

أحمر

lila

بنفسجي

blau

أزرق

grün

أخضر

braun

بنّي

grau

رمادي

schwarz

أسود

viel / wenig

....

كثير / قليل

wütend / friedlich

....

غضبان / هادئ

hübsch / hässlich

....

جميل / قبيح

Anfang / Ende

....

بداية / نهاية

groß / klein

....

كبير / صغير

hell / dunkel

....

فاتح / قاتم

Bruder / Schwester

....

أخ / أخت

sauber / schmutzig

....

نظيف / وسخ

vollständig / unvollständig

....

كامل / ناقص

Tag / Nacht

....

نهار / ليل

tot / lebendig

....

ميت / حيّ

breit / schmal

....

عريض / ضيّق

genießbar / ungenießbar

صالح للأكل / غير صالح

böse / freundlich

شرّير / لطيف

aufgeregt / gelangweilt

مثير / ممل

dick / dünn

سمين / نحيف

zuerst / zuletzt

أولاً / أخيراً

Freund / Feind

صديق / عدو

voll / leer

مليء / فارغ

hart / weich

صلب / ليّن

schwer / leicht

ثقيل / خفيف

Hunger / Durst

جوع / عطش

krank / gesund

مريض / صحيح

illegal / legal

غير شرعي / شرعي

intelligent / dumm

ذكي / غبي

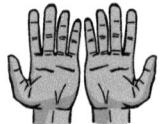

links / rechts

يسار / يمين

nah / fern

قريب / بعيد

neu / gebraucht

جديد / مستعمل

nichts / etwas

لا شيء / بعض الشيء

alt / jung

مسن / شاب

an / aus

يشعل / يطفئ

offen / geschlossen

مفتوح / مغلق

leise / laut

خافت / عالٍ

reich / arm

غني / فقير

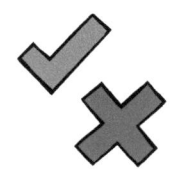

richtig / falsch

صح / خطأ

rau / glatt

أحرش / املس

traurig / glücklich

حزين / سعيد

kurz / lang

قصير / طويل

langsam / schnell

بطيء / سريع

nass / trocken

مبلول / جاف

warm / kühl

ساخن / بارد

Krieg / Frieden

حرب / سلم

Zahlen
أرقام

0	1	2
null	eins	zwei
صفر	واحد	اثنان
3	4	5
drei	vier	fünf
ثلاثة	أربعة	خمسة
6	7	8
sechs	sieben	acht
ستة	سبعة	ثمانية
9	10	11
neun	zehn	elf
تسعة	عشرة	أحد عشر

12
zwölf

اثنا عشر

13
dreizehn

ثلاثة عشر

14
vierzehn

أربعة عشر

15
fünfzehn

خمسة عشر

16
sechzehn

ستة عشر

17
siebzehn

سبعة عشر

18
achtzehn

ثمانية عشر

19
neunzehn

تسعة عشر

20
zwanzig

عشرون

100
hundert

مائة

1.000
tausend

ألف

1.000.000
million

مليون

Sprachen

اللغات

Englisch

الإنكليزية

Amerikanisches Englisch

الإنكليزية الأمريكية

Chinesisch Mandarin

لغة ماندارين الصينية

Hindi

الهندية

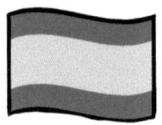

Spanisch

الإسبانية

Französisch

الفرنسية

Arabisch

العربية

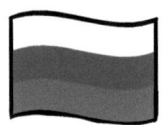

Russisch

الروسية

Portugiesisch

البرتغالية

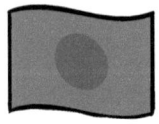

Bengalisch

البنغالية

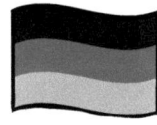

Deutsch

الألمانية

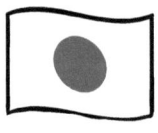

Japanisch

اليابانية

wer / was / wie

من / ماذا / كيف

ich

أنا

du

أنت

er / sie / es

هو / هي

wir

نحن

ihr

أنتم

sie

هم

wer?

من؟

was?

ماذا؟

wie?

كيف؟

wo?

أين؟

wann?

متى؟

Name

اسم

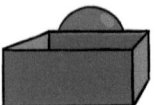

wo

أين

hinter

خلف

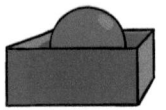

in

في

vor

أمام

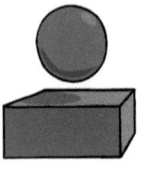

über

فوق

auf

على

unter

تحت

neben

جنب

zwischen

بين

Ort

مكان